ULTIMATNA KUHARSKA KNJIGA MASLENA KREMA

100 dekadentnih receptov za neustavljive glazure in glazure

Zdenka Hrovat

Avtorski material ©2024

Vse pravice pridržane

Nobenega dela te knjige ni dovoljeno uporabljati ali prenašati v kakršni koli obliki ali na kakršen koli način brez ustreznega pisnega soglasja založnika in lastnika avtorskih pravic, razen kratkih citatov, uporabljenih v recenziji. Ta knjiga se ne sme obravnavati kot nadomestilo za zdravniški, pravni ali drug strokovni nasvet.

KAZALO

KAZALO 3
UVOD 6
MASLENA KREMA 7
   1. Glazura iz limončela 8
   2. Biscoff glazura 10
   3. Mokka glazura 12
   4. Glazura kapučino 14
   5. Snicker Bar Glazura 16
   6. Prosecco maslena glazura 18
   7. Dalgona glazura 20
   8. Glazura Ferrero Rocher 22
   9. Mangova glazura 24
   10. Rojstnodnevna torta s cimetovo glazuro 26
   11. Toffee glazura 28
   12. Karamelna glazura 30
   13. Glazura iz stepene čokolade 32
   14. Prosecco maslena glazura 34
   15. Puhasta glazura 36
   16. Cadbury bars Glazura 38
   17. Pistacijeva glazura 40
   18. Kavna glazura 42
   19. Glazura za rojstnodnevno torto 44
   20. Graham glazura 46
   21. Metin sirov kolač z glazuro 48
   22. Lešnikova glazura 50
   23. Drobtine za pito g 52
   24. Bučna semena Frostin g 54
   25. Apple Fruff Frostin g 56
   26. Limonino maslo Frostin g 58
   27. Penuche Frostin g 60
   28. Stepena Mocha Frostin g 62
   29. Fudge Frostin g 64
   30. Črna torta Frostin g 66
   31. Kokosov kremni sir Frostin g 68
   32. Marmelada Kremni sir Frostin g 70
   33. Čokolada Česnjev Frostin g 72
   34. Royal Frostin g 74
   35. Butterscotch Frostin g 76
   36. Javorjeva maslena krema Frostin g 78
   37. Maslo iz suhih sliv Frostin g 80
   38. Pomaranči kremni sir Frostin g 82
   39. Začinjena pecan torta Frostin g 84

40. WALDORF RED VELVET FROSTING 86
41. GLAZURA IZ STEPENE SMETANE Z MALINOVO OMAKO E 88
42. ESPRESSO KREMNI SIR FROSTING 90
43. LEMON POPPY SEED FROSTING 92
44. KARAMELNA KREMA FROSTING 94
45. MINT CHOCOLATE CHIP FROSTING 96
46. MEDENA KREMA FROSTING 98
47. MALINOVA MASLENA KREMA FROSTING 100
48. PISTACIJEV KREMNI SIR FROSTING 102
49. RJAVI SLADKOR FROSTING 104
50. COCA-COLA FROSTING 106
51. GUAVA FROSTING 108
52. MORSKA PENA FROSTING 110
53. PINK PUFF FROSTING 112
54. PEČENO ARAŠIDOVO MASLO FROSTING 114
55. MADŽARSKI FROSTING 116
56. MARASCHINO FROSTING 118
57. MASLO PECAN FROSTING 120
58. TORTA Z GLAZURO ICING 122
59. SILKEN COCOA FROSTING 124

GLAZING 126

60. MINT GLAZURA E 127
61. JAGODNA GLAZURA E 129
62. KAVNI GLAZURA E 131
63. GLAZURA JABOLČNEGA JABOLČNIKA E 133
64. MARELIČNA GLAZURA E 135
65. BOURBON GLAZ E 137
66. GLAZURA S KREMNIM SIROM E 139
67. POMARANČNA GLAZURA E 141
68. ČOKOLADNA MASLENA GLAZURA E 143
69. LIMONINA GLAZURA E 145
70. TANGERINE GLAZ E 147
71. MEDENA GLAZURA E 149
72. JAVORJEV GLAZURA E 151
73. MALINOVA GLAZURA E 153
74. MANGOV GLAZURA E 155
75. LAVENDER GLAZ E 157
76. GLAZA IZ ARAŠIDOVEGA MASLA E 159
77. KARAMELNA GLAZURA E 161
78. MANDLJEVA GLAZURA E 163
79. KOKOSOVA GLAZURA E 165
80. PISTACIJEV GLAZURA E 167
81. MATCHA GLAZURA ZELENEGA ČAJA E 169
82. MALINOVA LIMONADNA GLAZURA E 171

GANAČE 173

83. BUČNI GANAČ E 174
84. LIMETIN GANAČ IZ PESE E 176
85. ČOKOLADNO LEŠNIKOV GANAČ E 179
86. GRAHAM GANACH E 181
87. GANACH IZ TEMNE ČOKOLADE E 183
88. GANACH IZ MLEČNE ČOKOLADE E 185
89. GANACH IZ BELE ČOKOLADE E 187
90. POMARANČNI GANAČ IZ TEMNE ČOKOLADE E 189
91. ESPRESSO TEMNA ČOKOLADA GANACH E 191
92. SLANI KARAMELNI GANAČ E 193
93. GANACH Z MALINOVO BELO ČOKOLADO E 195
94. MINT ČOKOLADNI GANAČ E 197
95. ARAŠIDOVO MASLO ČOKOLADNI GANAČ E 199
96. GANACH IZ KOKOSOVE BELE ČOKOLADE E 201
97. GANACH IZ TEMNE LEŠNIKOVE ČOKOLADE E 203
98. ČOKOLADNI GANAČ Z MANDLJEVIM MLEKOM E 205
99. GANAČ IZ TEMNE ČOKOLADE IZ KOKOSOVEGA MLEKA E 207
100. KARAMELIZIRANI GANAČ IZ BELE ČOKOLADE E 209

ZAKLJUČEK 211

UVOD

Dobrodošli v "ULTIMATNA KUHARSKA KNJIGA MASLENA KREMA: 100 dekadentnih receptov za neustavljive glazure in glazure." Maslena krema s svojo kremasto teksturo in slastnim okusom je že dolgo priljubljena stalnica v svetu peke. Ne glede na to, ali okrasite rojstnodnevno torto, napolnite makarone ali prelijete serijo kolačkov, maslena krema povzdigne sladice na novo raven razvajanja. V tej obsežni kuharski knjigi vas vabimo, da raziščete neskončne možnosti maslene kreme in sprostite svojo ustvarjalnost v kuhinji.

Maslena krema je več kot le glazura; je platno za kulinarično umetnost, ki ponuja nešteto kombinacij okusov, tekstur in dekorativnih tehnik. Od klasičnih receptov, kot sta vanilija in čokolada, do eksotičnih okusov, kot sta zeleni čaj matcha in pasijonka, recepti v tej kuharski knjigi prikazujejo vsestranskost maslene kreme in njeno sposobnost, da vsako sladico spremeni v mojstrovino.

Ne glede na to, ali ste pek začetnik, ki želi obvladati osnove priprave maslene kreme, ali izkušen slaščičar, ki išče navdih za nove stvaritve, ima »ULTIMATNA KUHARSKA KNJIGA MASLENA KREMA« nekaj za vsakogar. S podrobnimi navodili, koristnimi nasveti in osupljivo fotografijo vas bo ta kuharska knjiga vsakič vodila skozi postopek ustvarjanja popolne maslene kreme.

Toda ta kuharska knjiga je več kot le zbirka receptov; je praznik pekovske umetnosti in veselja ob razvajanju. Ne glede na to, ali pečete za posebno priložnost ali si preprosto privoščite sladko razvajanje, je nekaj globokega zadovoljstva pri delu z maslena kremo in ustvarjanju sladic, ki navdušijo čute.

Torej, ne glede na to, ali vrtite vrtnice na poročno torto, namažete glazuro na sladkorne piškote ali polagate plasti torte s kremastim nadevom, naj bo "ULTIMATNA KUHARSKA KNJIGA MASLENA KREMA" vaš vodnik pri ustvarjanju neustavljivih sladic, ki bodo zagotovo naredile vtis.

MASLENA KREMA

1.Glazura iz limončela

SESTAVINE:
- ½ skodelice nesoljenega masla, zmehčanega
- 4 skodelice sladkorja v prahu
- 2 žlici likerja Limoncello
- 1 žlica svežega limoninega soka
- Rumena jedilna barva (neobvezno)
- Limonina lupina za okras

NAVODILA:
a) V posodi za mešanje stepemo zmehčano maslo, dokler ni kremasto.
b) Postopoma dodajajte sladkor v prahu, liker Limoncello in limonin sok. Stepajte do gladkega in puhastega.
c) Če želite, dodajte nekaj kapljic rumene jedilne barve, da dosežete živahno rumeno barvo glazure.

2.Biscoff glazura

SESTAVINE:
- 1 skodelica nesoljenega masla, zmehčanega
- 1 skodelica biskofovega namaza
- 4 skodelice sladkorja v prahu
- ¼ skodelice mleka
- 1 čajna žlička vanilijevega ekstrakta

NAVODILA:
a) V veliki skledi za mešanje stepite zmehčano maslo in Biscoff namaz, dokler ne postane gladek in kremast.
b) Postopoma dodajte sladkor v prahu, mleko in vanilijev ekstrakt ter mešajte pri nizki hitrosti, dokler se ne združi. Povečajte hitrost na srednje visoko in stepajte, dokler ne postane rahlo in puhasto.
c) Če je glazura pregosta, dodajte več mleka, žlico za žlico, dokler ne dosežete želene gostote.

3. Mokka glazura

SESTAVINE:
- ¼ skodelice nesoljenega masla, zmehčanega
- 1½ skodelice sladkorja v prahu
- 1 žlica kakava v prahu
- 1 žlica instant kavnih zrnc
- 2-3 žlice mleka
- Čokoladni posipi ali kakav v prahu, za dekoracijo (neobvezno)

NAVODILA:
a) V posodi za mešanje stepemo zmehčano maslo, dokler ni kremasto.
b) Postopoma dodajajte sladkor v prahu, kakav v prahu in zrnca instant kave. Mešajte, dokler se dobro ne poveže.
c) Dodajte mleko, eno žlico naenkrat, in nadaljujte s stepanjem, dokler glazura ne doseže gladke in mazljive konsistence.

4. Glazura kapučino

SESTAVINE:
- ½ skodelice nesoljenega masla, zmehčanega
- 2 skodelici sladkorja v prahu
- 1 žlica instant kavnih zrnc
- 1 žlica vroče vode
- 1 čajna žlička vanilijevega ekstrakta

NAVODILA:
a) Zmehčano maslo kremasto stepemo.
b) Zrnca instant kave raztopite v vroči vodi in jih dodajte masleni mešanici skupaj s sladkorjem v prahu in ekstraktom vanilije.
c) Stepajte dokler ni gladka in kremasta.

5.Snicker Bar Glazura

SESTAVINE:
- ½ skodelice nesoljenega masla, zmehčanega
- ½ skodelice kremastega arašidovega masla
- 2 skodelici sladkorja v prahu
- 3 žlice mleka
- Sesekljane ploščice Snickers, za preliv

NAVODILA:
a) V skledi stepite zmehčano maslo in arašidovo maslo, dokler ne postaneta gladka in kremasta.
b) Postopoma dodajte sladkor v prahu in mešajte, dokler se dobro ne združi.
c) Dodajte mleko, 1 žlico naenkrat, dokler ne dosežete želene konsistence.
d) Zmešajte narezane ploščice Snickers.

6. Prosecco maslena glazura

SESTAVINE:
- 1½ skodelice nesoljenega masla, zmehčanega
- 4 skodelice sladkorja v prahu
- ¼ skodelice Prosecca (peneče vino)
- 1 čajna žlička vanilijevega ekstrakta

NAVODILA:
a) V veliki skledi za mešanje stepite zmehčano maslo, dokler ni kremasto in gladko.
b) Postopoma dodajte sladkor v prahu, eno skodelico naenkrat, in po vsakem dodajanju dobro stepite.
c) Vmešajte Prosecco in vanilijev ekstrakt ter nadaljujte s stepanjem, dokler glazura ni rahla in puhasta.

7.Dalgona glazura

SESTAVINE:
- 1½ skodelice težke smetane, ohlajene
- ¼ skodelice sladkorja v prahu
- ¼ skodelice kave Dalgona
- Kakav v prahu (za posip, neobvezno)

NAVODILA:
a) Ohlajeno smetano in sladkor v prahu stepemo do mehkih vrhov.
b) Dodajte kavo Dalgona in nadaljujte s stepanjem, dokler ne nastanejo trdi vrhovi.

8.Glazura Ferrero Rocher

SESTAVINE:
- 1½ skodelice težke smetane
- ¼ skodelice sladkorja v prahu
- 1 čajna žlička vanilijevega ekstrakta
- 12 narezanih čokolad Ferrero Rocher

NAVODILA:
a) V skledi za mešanje stepite smetano, dokler ne nastanejo mehki vrhovi.
b) Stepeni smetani dodamo sladkor v prahu in vanilijev ekstrakt ter stepamo do čvrstih vrhov.
c) Nežno vmešajte na koščke narezane čokolade Ferrero Rocher.

9.Mangova glazura

SESTAVINE:
- 1 skodelica zrelega manga, olupljenega in narezanega na kocke
- ½ skodelice nesoljenega masla, zmehčanega
- 4 skodelice sladkorja v prahu
- Lupina 1 limete
- Sok 1 limete

NAVODILA:
a) Na kocke narezan mango pretlačite v mešalniku ali kuhinjskem robotu do gladkega.
b) V veliki skledi za mešanje stepite zmehčano maslo, dokler ni kremasto.
c) Postopoma dodajte sladkor v prahu, limetino lupinico in limetin sok ter nadaljujte s stepanjem, dokler ni rahlo in puhasto.
d) Masleni mešanici dodajte mangov pire in stepajte, da se dobro premeša.

10. Rojstnodnevna torta s cimetovo glazuro

SESTAVINE:
- 4 skodelice sladkorja v prahu
- ¼ skodelice nesoljenega masla, zmehčanega
- ¼ skodelice mleka
- 1 čajna žlička vanilijevega ekstrakta
- 1 ščepec cimeta
- posipi

NAVODILA:
a) V posodi za mešanje stepite sladkor v prahu, cimet, zmehčano maslo, mleko in vanilijev ekstrakt, dokler ne postane gladko in kremasto.
b) Vmešajte posip.

11. Toffee glazura

SESTAVINE:
- 1½ skodelice nesoljenega masla, zmehčanega
- 4 skodelice sladkorja v prahu
- ¼ skodelice toffee omake (lahko v trgovini ali doma)
- 1 čajna žlička vanilijevega ekstrakta

NAVODILA:
a) V veliki skledi za mešanje stepite zmehčano maslo, dokler ni kremasto in gladko.
b) Postopoma dodajte sladkor v prahu, eno skodelico naenkrat, in po vsakem dodajanju dobro stepite.
c) Vmešajte toffee omako in vanilijev ekstrakt ter nadaljujte s stepanjem, dokler glazura ni rahla in puhasta.

12. Karamelna glazura

SESTAVINE:
- 1½ skodelice nesoljenega masla, zmehčanega
- 4 skodelice sladkorja v prahu
- ¼ skodelice karamelne omake (kupljene ali domače)
- 1 čajna žlička vanilijevega ekstrakta

NAVODILA:
a) V veliki skledi za mešanje stepite zmehčano maslo, dokler ni kremasto in gladko.
b) Postopoma dodajte sladkor v prahu, eno skodelico naenkrat, in po vsakem dodajanju dobro stepite.
c) Vmešajte karamelno omako in vanilijev ekstrakt ter nadaljujte s stepanjem, dokler glazura ni rahla in puhasta.

13. Glazura iz stepene čokolade

SESTAVINE:
- 2 skodelici težke smetane, hladne
- ½ skodelice sladkorja v prahu
- ¼ skodelice nesladkanega kakava v prahu
- 1 čajna žlička vanilijevega ekstrakta

NAVODILA:
a) V ohlajeni skledi za mešanje stepite smetano, sladkor v prahu, kakav v prahu in vanilijev ekstrakt, dokler ne nastanejo čvrsti vrhovi.
b) Pazite, da ne stepete preveč, saj lahko smetana postane maslo.

14. Prosecco maslena glazura

SESTAVINE:
- 1½ skodelice nesoljenega masla, zmehčanega
- 4 skodelice sladkorja v prahu
- ¼ skodelice Prosecca (peneče vino)
- 1 čajna žlička vanilijevega ekstrakta

NAVODILA:
a) V veliki skledi za mešanje stepite zmehčano maslo, dokler ni kremasto in gladko.
b) Postopoma dodajte sladkor v prahu, eno skodelico naenkrat, in po vsakem dodajanju dobro stepite.
c) Vmešajte Prosecco in vanilijev ekstrakt ter nadaljujte s stepanjem, dokler glazura ni rahla in puhasta.

15. Puhasta glazura

SESTAVINE:
- ¾ skodelice sladkorja
- ¼ skodelice lahkega koruznega sirupa
- 2 žlici vode
- 2 beljaka
- ¼ čajne žličke soli
- ¼ čajne žličke vinskega kamna
- 1 čajna žlička ekstrakta vanilije

NAVODILA:
a) Zmešajte na vrhu dvojnega kuhalnika sladkor, koruzni sirup, vodo, jajčne beljake, sol in smetano iz vinskega kamna. Kuhajte nad hitro vrelo vodo in stepajte z električnim mešalnikom ali rotacijskim stepalnikom, dokler mešanica ne doseže vrhov. Odstranite z ognja.
b) Dodajte vanilijo; stepajte, dokler glazura ne zadrži globokih vrtincev.

16. Cadbury bars Glazura

SESTAVINE:
- 150 g nesoljenega masla, zmehčanega
- 300 g sladkorja v prahu
- 1 žlička vanilijevega ekstrakta
- 2 žlici mleka
- 100 g gladkega arašidovega masla
- Mini Cadbury ploščice, sesekljane

NAVODILA:
a) Zmehčano maslo, sladkor v prahu, vanilijev ekstrakt in mleko stepemo v gladko in kremasto zmes.
b) Stepite gladko arašidovo maslo.
c) Dodajte mini Cadbury palice.

17. Pistacijeva glazura

SESTAVINE:
- 115 g masla, sobne temperature [8 žlic (1 palčka)]
- 40 g slaščičarskega sladkorja [¼ skodelice]
- 230 g pistacijeve paste [¾ skodelice]
- 2 g košer soli [½ čajne žličke]

NAVODILA:

a) Zmešajte maslo in slaščičarski sladkor v skledi stoječega mešalnika, opremljenega z nastavkom za lopatice, in smetano skupaj na srednji visoki temperaturi 2 do 3 minute, dokler ne postane puhasto in bledo rumeno.

b) Dodajte pistacijevo pasto in sol ter mešajte pri nizki hitrosti pol minute, nato povečajte hitrost na srednje visoko in pustite, da se strga 2 minuti. Z lopatico postrgajte po stenah posode. Če mešanica ni vsa enake bledo zelene barve, počakajte še eno minuto pri visoki hitrosti in ponovno strgajte navzdol.

c) Glazuro uporabite takoj ali jo shranite v nepredušni posodi v hladilniku do 1 tedna.

18. Kavna glazura

SESTAVINE:
- 115 g masla, sobne temperature [8 žlic (1 palčka)]
- 40 g slaščičarskega sladkorja [¼ skodelice]
- 55 g mleka [¼ skodelice]
- 1,5 g instant kave v prahu [¾ čajne žličke]
- 1 g košer soli [¼ čajne žličke]

NAVODILA:

a) Zmešajte maslo in slaščičarski sladkor v skledi stoječega mešalnika, opremljenega z nastavkom za lopatice, in smetano skupaj na srednji visoki temperaturi 2 do 3 minute, dokler ne postane puhasto in bledo rumeno.

b) Medtem na hitro pripravite mleko za kavo: v majhni skledi zmešajte mleko, instant kavo in sol.

c) Z lopatico postrgajte po stenah posode. Pri nizki hitrosti postopoma prilijte kavno mleko. V bistvu potiskate tekočino v maščobo, zato bodite potrpežljivi. Maslena mešanica se bo ob stiku s kavnim mlekom strdila in ločila.

d) V mešanico masla ne dolivajte več mleka za kavo, dokler prejšnji dodatek ni popolnoma vključen; mešalnik naj bo vključen in bodite potrpežljivi.

e) Rezultat bo divje puhasta kavna glazura, bledo rjava in super sijoča. Uporabite takoj.

19. Glazura za rojstnodnevno torto

SESTAVINE:
- 115 g masla, sobne temperature [8 žlic (1 palčka)]
- 50 g zelenjavne masti [¼ skodelice]
- 55 g kremnega sira [2 unči]
- 25 g glukoze [1 žlica]
- 18 g koruznega sirupa [1 žlica]
- 12 g bistrega vanilijevega ekstrakta [1 žlica]
- 200 g slaščičarskega sladkorja [1¼ skodelice]
- 2 g košer soli [½ čajne žličke]
- 0,25 g pecilnega praška [ščepec]
- 0,25 g citronske kisline [ščepec]

NAVODILA:
a) Zmešajte maslo, mast in kremni sir v skledi stoječega mešalnika, opremljenega z nastavkom za lopatice, in smetano skupaj na srednji visoki temperaturi 2 do 3 minute, dokler zmes ni gladka in puhasta. Postrgajte po stenah posode.
b) Z mešalnikom na najnižji hitrosti dodajte glukozo, koruzni sirup in vanilijo. Mešalnik dvignite na srednje visoko in stepajte 2 do 3 minute, dokler zmes ni svilnato gladka in bleščeče bela. Postrgajte po straneh sklede.
c) Dodajte slaščičarski sladkor, sol, pecilni prašek in citronsko kislino ter mešajte pri nizki hitrosti, da se vmešajo v testo.
d) Znova povečajte hitrost na srednje visoko in stepajte 2 do 3 minute, dokler ne dobite bleščeče čisto bele, čudovito gladke glazure.
e) Videti bi moralo tako, kot da je prišlo iz plastične kadi v trgovini z živili! Glazuro uporabite takoj ali jo shranite v nepredušni posodi v hladilniku do 1 tedna.

20.Graham glazura

SESTAVINE:

- ½ porcije Graham Crust
- 85 g mleka [⅓ skodelice]
- 2 g košer soli [½ čajne žličke]
- 85 g masla, sobne temperature [6 žlic]
- 15 g svetlo rjavega sladkorja [1 žlica tesno pakirana]
- 10 g slaščičarskega sladkorja [1 žlica]
- 0,5 g mletega cimeta [½ čajne žličke]
- 0,5 g košer soli [⅛ čajne žličke]

NAVODILA:

a) V mešalniku zmešajte grahamovo skorjo, mleko in sol, nastavite hitrost na srednje visoko in pretlačite v gladek in homogen pire.

b) Trajalo bo od 1 do 3 minute (odvisno od neverjetnosti vašega mešalnika). Če se mešanica ne ujame na rezilo mešalnika, izklopite mešalnik, vzemite majhno čajno žličko in postrgajte po stranicah posode, ne pozabite strgati pod rezilom, nato poskusite znova.

c) Zmešajte maslo, sladkorje, cimet in sol v skledi stoječega mešalnika, opremljenega z nastavkom za lopatice, in smetano skupaj na srednji visoki temperaturi 2 do 3 minute, dokler ne postane puhasto in pegasto rumeno. Postrgajte po stenah posode z lopatico.

d) Pri nizki hitrosti vmešajte vsebino mešalnika. Po 1 minuti povečajte hitrost na srednje visoko in pustite mešati še 2 minuti.

e) Z lopatico postrgajte po stenah sklede. Če zmes ni enakomerno bledo porjavela, skledo še enkrat postrgajte navzdol in glazuro še eno minuto hitro potapljajte.

f) Glazuro uporabite takoj ali jo shranite v nepredušni posodi v hladilniku do 1 tedna.

21. Metin sirov kolač z glazuro

SESTAVINE:
- 60 g bele čokolade [2 unci]
- 20 g olja grozdnih pečk [2 žlici]
- 75 g kremnega sira [2½ unč]
- 20 g slaščičarskega sladkorja [2 žlici]
- 2 g izvlečka poprove mete [½ čajne žličke]
- 1 g košer soli [¼ čajne žličke]
- 2 kapljici zelene jedilne barve

NAVODILA:
a) Zmešajte belo čokolado in olje ter zmes stopite na nizki temperaturi 30 do 50 sekund.
b) Zmešajte kremni sir in slaščičarski sladkor v skledi stoječega mešalnika, opremljenega z nastavkom za lopatice, in skupaj mešajte pri srednje nizki hitrosti 2 do 3 minute, da se premešata.
c) Pri nizki hitrosti počasi prilijte mešanico bele čokolade. Mešajte 1 do 2 minuti, dokler se popolnoma ne vgradi v kremni sir. Postrgajte po stenah posode.
d) Dodajte izvleček poprove mete, sol in barvilo za živila ter mešanico mešajte 1 do 2 minuti ali dokler ni gladka in škratovsko zelena.

22. Lešnikova glazura

SESTAVINE:
- 25 g masla, sobne temperature [2 žlici]
- 65 g lešnikove paste [¼ skodelice]
- 20 g slaščičarskega sladkorja [2 žlici]
- 0,5 g košer soli [⅛ čajne žličke]

NAVODILA:
a) Maslo dajte v skledo stoječega mešalnika, opremljenega z nastavkom za lopatico, in mešajte s srednjo do visoko hitrostjo, dokler ni popolnoma gladko. Z lopatko postrgajte po straneh posode. To je majhna količina sestavin, zato uporabite babičino mešalniku ali pa se tega lotite ročno v srednji skledi.
b) Dodajte lešnikovo pasto, slaščičarski sladkor in sol ter mešajte pri visoki hitrosti, dokler glazura ni puhasta in brez grudic, 3 do 4 minute. Postrgajte po stenah posode in mešajte 15 sekund, da se prepričate vse je lepo in gladko.
c) Uporabite takoj ali shranite v nepredušni posodi v hladilniku do 1 meseca. Pred uporabo segrejte na sobno temperaturo.

23. Drobtine za pito g

SESTAVINE:
- ½ porcije Pie Crumb
- 110 g mleka [½ skodelice]
- 2 g košer soli [½ čajne žličke]
- 40 g masla, sobne temperature [3 žlice]
- 40 g slaščičarskega sladkorja [¼ skodelice]

NAVODILA:
a) V mešalniku zmešajte drobtine za pito, mleko in sol, nastavite hitrost na srednje visoko in pretlačite v gladek in homogen pire. Trajalo bo od 1 do 3 minute (odvisno od odličnosti vašega mešalnika).
b) Če se mešanica ne ujame na rezilo mešalnika, izklopite mešalnik, vzemite majhno čajno žličko in postrgajte po straneh posode, ne pozabite strgati pod rezilom, nato pa poskusite znova.
c) Zmešajte maslo in slaščičarski sladkor v skledi stoječega mešalnika, opremljenega z nastavkom za lopatice, in smetano skupaj na srednji visoki temperaturi 2 do 3 minute, dokler ni puhasta in bledo rumena. Z lopatico postrgajte po stenah posode.
d) Pri nizki hitrosti vmešajte vsebino mešalnika. Po 1 minuti povečajte hitrost na srednje visoko in pustite mešati še 2 minuti.
e) Postrgajte po stenah posode. Če zmes ni enakomerna, zelo bleda, komaj rjave barve, posodo še enkrat postrgajte navzdol in še eno minuto veslajte pri visoki hitrosti.
f) Glazuro uporabite takoj ali jo shranite v nepredušni posodi v hladilniku za največ 1 uro.

24. Bučna semena Frosting

SESTAVINE:
- ½ skodelice palmove masti pri sobni temperaturi
- 2 žlici medu
- ½ čajne žličke vanilijevega ekstrakta
- Stopljena čokolada in bučna semena

NAVODILA:
a) Stepajte mast, med in vanilijo do gladkega.
b) Zmešajte stopljeno čokolado in bučo glej ds.

25. Apple Fruff Frostin g

SESTAVINE:
- 1 skodelica nesladkane jabolčne kaše
- 1 paket (3,4 unče) mešanice za instant vanilijev puding
- 1 skodelica težke smetane
- ¼ skodelice sladkorja v prahu
- 1 čajna žlička vanilijevega ekstrakta

NAVODILA:

a) V posodi za mešanje zmešajte jabolčno omako in instant vanilijev puding. Dobro premešajte, dokler se pudingova mešanica ne raztopi.
b) V ločeni skledi stepite smetano, dokler ne nastanejo mehki vrhovi.
c) Stepeni smetani postopoma dodajte sladkor v prahu in vanilijev ekstrakt. Nadaljujte s stepanjem, dokler ne nastanejo čvrsti vrhovi.
d) Mešanico stepene smetane nežno vmešajte v mešanico jabolčne omake, dokler se dobro ne premeša.
e) Uporabite glazuro iz jabolčnih kosmov za glazuro tort ali kolačkov. Morebitne ostanke shranite v hladilniku.

26. Limonino maslo Frosting

SESTAVINE:
- 1 skodelica nesoljenega masla, zmehčanega
- 4 skodelice sladkorja v prahu
- 2 žlici sveže iztisnjenega limoninega soka
- 1 žlica limonine lupinice
- 1 čajna žlička vanilijevega ekstrakta

NAVODILA:
a) V posodi za mešanje stepite zmehčano maslo, dokler ni gladko.
b) Postopoma dodajte sladkor v prahu, približno 1 skodelico naenkrat, in po vsakem dodajanju dobro premešajte.
c) Masleni mešanici dodajte limonin sok, limonino lupinico in ekstrakt vanilje. Mešajte, dokler ni gladka in kremasta.
d) Prilagodite gostoto tako, da dodate več sladkorja v prahu za tršo glazuro ali več limoninega soka za redkejšo glazuro.
e) Glazuro z limoninim maslom namažite ali nanesite na ohlajene torte ali kolačke.

27. Penuche Frosting

SESTAVINE:
- ½ skodelice nesoljenega masla
- 1 skodelica pakiranega svetlo rjavega sladkorja
- ¼ skodelice mleka
- 2 skodelici sladkorja v prahu
- 1 čajna žlička vanilijevega ekstrakta

NAVODILA:
a) V ponvi stopite maslo na srednjem ognju. Vmešajte rjavi sladkor in mleko.
b) Mešanico zavrite in med nenehnim mešanjem pustite vreti 2 minuti.
c) Odstavite ponev z ognja in pustite, da se ohladi približno 10 minut.
d) Postopoma vmešajte sladkor v prahu in vanilijev ekstrakt, dokler ne postane gladka in kremasta.
e) Glazuro penuche razporedite po ohlajenih tortah ali kolačkih. Glazura se strdi, ko se ohladi.

28. Stepena Mocha Frosting

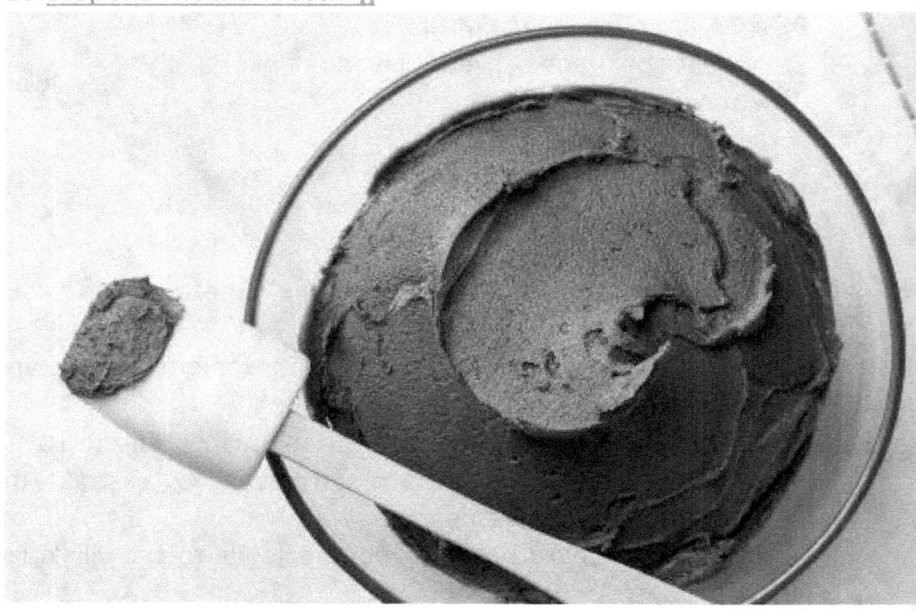

SESTAVINE:
- 1 skodelica težke smetane
- 2 žlici sladkorja v prahu
- 1 žlica instant kavnih zrnc
- 1 čajna žlička vanilijevega ekstrakta
- Čokoladni ostružki ali kakav v prahu (neobvezno, za okras)

NAVODILA:
a) V skledi za mešanje zmešajte smetano, sladkor v prahu, zrnca instant kave in ekstrakt vanilije.
b) Z električnim mešalnikom stepajte mešanico na srednji do visoki hitrosti, dokler ne nastanejo mehki vrhovi.
c) Nadaljujte s stepanjem, dokler ne nastanejo trdi vrhovi in postane glazura puhasta.
d) Na ohlajene torte ali kolačke nanesite ali namažite stepeno mokko glazuro.
e) Neobvezno: okrasite s čokoladnimi ostružki ali posipom kakava v prahu .

29. Fudge Frosting

SESTAVINE:
- ½ skodelice nesoljenega masla
- ¼ skodelice nesladkanega kakava v prahu
- ¼ skodelice mleka
- 3 skodelice sladkorja v prahu
- 1 čajna žlička vanilijevega ekstrakta

NAVODILA:
a) V ponvi stopite maslo na zmernem ognju. Vmešajte kakav v prahu in mleko.
b) Mešanico zavrite in med nenehnim mešanjem pustite vreti 1 minuto.
c) Odstavite ponev z ognja in pustite, da se ohladi nekaj minut.
d) Postopoma vmešajte sladkor v prahu in vanilijev ekstrakt, dokler ne postane gladka in kremasta.
e) Glazuro nanesite na ohlajene torte ali kolačke. Glazura se strdi, ko se ohladi.

30. Črna torta Frosting

SESTAVINE:
- 1 skodelica nesoljenega masla, zmehčanega
- 4 skodelice sladkorja v prahu
- ¼ skodelice nesladkanega kakava v prahu
- ¼ skodelice težke smetane
- 1 čajna žlička vanilijevega ekstrakta

NAVODILA:
a) V posodi za mešanje stepite zmehčano maslo, dokler ni gladko.
b) Postopoma dodajte sladkor v prahu in kakav v prahu ter po vsakem dodajanju dobro premešajte.
c) Prilijemo gosto smetano in vanilijev ekstrakt. Zmes stepamo, dokler ni gladka in kremasta.
d) Črno glazuro za torte namažite ali nanesite na ohlajene torte ali kolačke .

31. Kokosov kremni sir Frosting

SESTAVINE:
- 8 oz kremnega sira, zmehčanega
- ½ skodelice nesoljenega masla, zmehčanega
- 4 skodelice sladkorja v prahu
- 1 čajna žlička kokosovega ekstrakta
- 1 skodelica naribanega kokosa (neobvezno, za okras)

NAVODILA:
a) V skledi za mešanje stepite zmehčan kremni sir in maslo, dokler se dobro ne povežeta in postaneta kremasta.
b) Postopoma dodajajte sladkor v prahu, eno skodelico naenkrat, in nadaljujte s stepanjem, dokler ni gladka.
c) Vmešajte kokosov izvleček in mešajte, dokler ni popolnoma premešan.
d) Ohlajene torte ali kolačke namažite s kokosovo kremno glazuro.
e) Neobvezno: okrasite z naribanim kokosom za dodatno teksturo in okus oz.

32.Marmelada Kremni sir Frosting

SESTAVINE:
- 8 oz kremnega sira, zmehčanega
- ½ skodelice nesoljenega masla, zmehčanega
- 4 skodelice sladkorja v prahu
- ¼ skodelice pomarančne marmelade
- 1 čajna žlička vanilijevega ekstrakta
- Pomarančna lupina (neobvezno, za okras)

NAVODILA:
a) V skledi za mešanje stepite zmehčan kremni sir in maslo, dokler ne postaneta gladka in puhasta.
b) Postopoma dodajte sladkor v prahu, eno skodelico naenkrat, in nadaljujte s stepanjem, dokler ni dobro premešano.
c) Vmešajte pomarančno marmelado in vanilijev ekstrakt ter mešajte, dokler ni popolnoma mešana.
d) Glazuro iz marmelade in kremnega sira namažite ali nanesite na ohlajene torte ali kolačke.
e) Neobvezno: okrasite s pomarančno lupinico za živahen pridih citrusov.

33. Čokolada Češnjev Frosting

SESTAVINE:
- 1 skodelica nesoljenega masla, zmehčanega
- 4 skodelice sladkorja v prahu
- ¼ skodelice nesladkanega kakava v prahu
- ¼ skodelice češnjevega soka maraskina
- 1 čajna žlička vanilijevega ekstrakta
- Maraschino češnje (neobvezno, za okras)

NAVODILA:
a) V posodi za mešanje stepite zmehčano maslo, dokler ni gladko.
b) Postopoma dodajte sladkor v prahu in kakav v prahu ter po vsakem dodajanju dobro premešajte.
c) Prilijemo maraskino češnjev sok in vanilijev ekstrakt. Stepamo dokler ne postane gladka in kremasta.
d) Čokoladno češnjevo glazuro namažite ali nanesite na ohlajene torte ali kolačke.
e) Neobvezno: okrasite s češnjami maraskino za dodaten pridih češnjevega okusa in okrasite .

34. Royal Frosting

SESTAVINE:
- 3 večji beljaki
- 4 skodelice sladkorja v prahu
- 1 čajna žlička limoninega soka
- Barva za hrano (neobvezno)

NAVODILA:
a) V skledi za mešanje zmešajte beljake in limonin sok. Stepajte z električnim mešalnikom, dokler ne nastane pena.
b) Postopoma dodajte sladkor v prahu, eno skodelico naenkrat, in nadaljujte s stepanjem, dokler glazura ne postane gosta in sijoča.
c) Po želji dodajte jedilno barvo in mešajte do enakomerne barve.
d) Kraljevsko glazuro uporabite za lepljenje okrasnih motivov ali glazuro piškotov in tort. Pustite, da se glazura posuši in strdi, preden jo postrežete.

35. Butterscotch Frosting

SESTAVINE:
- 1 skodelica nesoljenega masla, zmehčanega
- 1 skodelica pakiranega svetlo rjavega sladkorja
- 4 skodelice sladkorja v prahu
- ¼ skodelice mleka
- 1 čajna žlička vanilijevega ekstrakta

NAVODILA:
a) V posodi za mešanje penasto stepite zmehčano maslo in rjavi sladkor.
b) Postopoma dodajte sladkor v prahu, eno skodelico naenkrat, in nadaljujte s stepanjem, dokler ni dobro premešano.
c) Prilijemo mleko in vanilijev ekstrakt. Stepamo dokler ne postane gladka in kremasta.
d) Na ohlajene torte ali kolačke namažite ali nanesite glazuro iz maslenega scotcha .

36.Javorjeva maslena krema Frosting

SESTAVINE:
- 1 skodelica nesoljenega masla, zmehčanega
- 4 skodelice sladkorja v prahu
- ¼ skodelice čistega javorjevega sirupa
- 1 čajna žlička vanilijevega ekstrakta

NAVODILA:
a) V posodi za mešanje stepite zmehčano maslo, dokler ni gladko.
b) Postopoma dodajte sladkor v prahu, eno skodelico naenkrat, in nadaljujte s stepanjem, dokler ni dobro premešano.
c) Prilijemo javorjev sirup in vanilijev ekstrakt. Stepamo dokler ne postane gladka in kremasta.
d) Glazuro iz javorjeve maslene kreme namažite ali nanesite na ohlajene torte ali kolačke .

37.Maslo iz suhih sliv Frostin g

SESTAVINE:
- 1 skodelica nesoljenega masla, zmehčanega
- 4 skodelice sladkorja v prahu
- ¼ skodelice masla iz suhih sliv (slivov pire)
- 1 čajna žlička vanilijevega ekstrakta

NAVODILA:
a) V posodi za mešanje stepite zmehčano maslo, dokler ni gladko.
b) Postopoma dodajte sladkor v prahu, eno skodelico naenkrat, in nadaljujte s stepanjem, dokler ni dobro premešano.
c) Vmešajte maslo iz suhih sliv (pire iz suhih sliv) in ekstrakt vanilije. Mešajte, dokler ni popolnoma premešana.
d) Glazuro iz masla iz suhih sliv namažite ali nanesite na ohlajene torte ali kolačke.

38.Pomarančni kremni sir Frosting

SESTAVINE:
- 8 oz kremnega sira, zmehčanega
- ½ skodelice nesoljenega masla, zmehčanega
- 4 skodelice sladkorja v prahu
- 2 žlici sveže stisnjenega pomarančnega soka
- 1 žlica pomarančne lupinice
- 1 čajna žlička vanilijevega ekstrakta

NAVODILA:
a) V skledi za mešanje stepite zmehčan kremni sir in maslo, dokler ne postaneta gladka in puhasta.
b) Postopoma dodajte sladkor v prahu, eno skodelico naenkrat, in nadaljujte s stepanjem, dokler ni dobro premešano.
c) Vmešajte pomarančni sok, pomarančno lupinico in vanilijev ekstrakt. Mešajte, dokler se popolnoma ne premeša.
d) Pomarančno glazuro s kremnim sirom namažite ali nanesite na ohlajene torte ali kolačke.

39.Začinjena pecan torta Frosting

SESTAVINE:

- 1 skodelica nesoljenega masla, zmehčanega
- 4 skodelice sladkorja v prahu
- ¼ skodelice polnomastnega mleka
- 1 čajna žlička vanilijevega ekstrakta
- ½ čajne žličke mletega cimeta
- ¼ čajne žličke mletega muškatnega oreščka
- ¼ čajne žličke mletih nageljnovih žbic
- 1 skodelica sesekljanih pekan orehov, popečenih (neobvezno, za okras)

NAVODILA:

a) V posodi za mešanje stepite zmehčano maslo, dokler ni gladko.
b) Postopoma dodajte sladkor v prahu, eno skodelico naenkrat, in nadaljujte s stepanjem, dokler ni dobro premešano.
c) Prilijemo mleko in vanilijev ekstrakt. Stepamo dokler ne postane gladka in kremasta.
d) Dodajte mleti cimet, muškatni oreščki in nageljnove žbice v glazuro. Mešajte, dokler ni popolnoma premešana.
e) Začinjeno glazuro za pecivo z orehi razmažite ali nanesite na ohlajene torte ali kolačke.
f) Neobvezno: okrasite s popečenimi sesekljanimi pekani za dodatno teksturo in okus ali.

40. Waldorf Red Velvet Frosting

SESTAVINE:
- 1 ½ skodelice nesoljenega masla, zmehčanega
- 6 skodelic sladkorja v prahu
- ¼ skodelice polnomastnega mleka
- 1 čajna žlička vanilijevega ekstrakta
- Rdeča jedilna barva

NAVODILA:
a) V posodi za mešanje stepite zmehčano maslo, dokler ni gladko.
b) Postopoma dodajte sladkor v prahu, eno skodelico naenkrat, in nadaljujte s stepanjem, dokler ni dobro premešano.
c) Prilijemo mleko in vanilijev ekstrakt. Stepamo dokler ne postane gladka in kremasta.
d) Rdečo jedilno barvo dodajte nekaj kapljic naenkrat, dokler ne dosežete želenega odtenka rdeče.
e) Waldorfsko rdečo žametno glazuro namažite ali nanesite na ohlajene torte ali kolačke .

41. Glazura iz stepene smetane z malinovo omako e

SESTAVINE:
- 2 skodelici težke smetane
- ¼ skodelice sladkorja v prahu
- 1 čajna žlička vanilijevega ekstrakta
- Sveže maline (za okras)

MALINA OMAKA
- 1 skodelica svežih malin
- 2 žlici granuliranega sladkorja
- 1 čajna žlička limoninega soka

NAVODILA:
a) V skledi za mešanje stepite smetano, sladkor v prahu in vanilijev ekstrakt, dokler ne nastanejo mehki vrhovi.
b) Pripravite malinovo omako tako, da sveže maline, granulirani sladkor in limonin sok zmešate v mešalniku ali kuhinjskem robotu do gladkega. Precedite, da odstranite morebitna semena.
c) Polovico malinove omake nežno vmešajte v glazuro iz stepene smetane, dokler se dobro ne premeša.
d) Glazuro iz stepene smetane namažite ali nanesite na ohlajene torte ali kolačke.
e) Preostalo malinovo omako pokapljajte po glazuranih tortah ali kolačkih.
f) Okrasite s svežimi malinami za eleganten pridih .

42.Espresso kremni sir Frosting

SESTAVINE:
- 8 oz kremnega sira, zmehčanega
- ½ skodelice nesoljenega masla, zmehčanega
- 4 skodelice sladkorja v prahu
- 1 žlica instant espressa v prahu
- 1 čajna žlička vanilijevega ekstrakta

NAVODILA:
a) V skledi za mešanje stepite zmehčan kremni sir in maslo, dokler ne postaneta gladka in puhasta.
b) Postopoma dodajte sladkor v prahu, eno skodelico naenkrat, in nadaljujte s stepanjem, dokler ni dobro premešano.
c) Prašek za instant espresso raztopite v čajni žlički vroče vode in ga dodajte mešanici za glazuro.
d) Vmešajte vanilijev ekstrakt in mešajte, dokler ni popolnoma premešan.
e) Glazuro s kremnim sirom za espresso namažite ali nanesite na ohlajene torte ali kolačke .

43. Lemon Poppy Seed Frosting

SESTAVINE:
- 1 skodelica nesoljenega masla, zmehčanega
- 4 skodelice sladkorja v prahu
- 2 žlici sveže iztisnjenega limoninega soka
- 2 žlički limonine lupinice
- 1 žlica makovih semen

NAVODILA:
a) V posodi za mešanje stepite zmehčano maslo, dokler ni gladko.
b) Postopoma dodajte sladkor v prahu, eno skodelico naenkrat, in nadaljujte s stepanjem, dokler ni dobro premešano.
c) Primešajte limonin sok, limonino lupinico in makova semena. Mešajte, dokler se popolnoma ne premeša.
d) Na ohlajene torte ali kolačke namažite ali nanesite glazuro z limoninim makom .

44.Karamelna krema Frosting

SESTAVINE:
- 1 skodelica nesoljenega masla, zmehčanega
- 4 skodelice sladkorja v prahu
- ¼ skodelice karamelne omake
- 1 čajna žlička vanilijevega ekstrakta
- Ščepec soli

NAVODILA:
a) V posodi za mešanje stepite zmehčano maslo, dokler ni gladko.
b) Postopoma dodajte sladkor v prahu, eno skodelico naenkrat, in nadaljujte s stepanjem, dokler ni dobro premešano.
c) Vmešajte karamelno omako, vanilijev ekstrakt in ščepec soli. Mešajte, dokler ni popolnoma premešana.
d) Glazuro s karamelno kremo namažite ali nanesite na ohlajene torte ali kolačke.

45. Mint Chocolate Chip Frosting

SESTAVINE:
- 1 skodelica nesoljenega masla, zmehčanega
- 4 skodelice sladkorja v prahu
- ¼ skodelice mleka
- 1 čajna žlička izvlečka poprove mete
- Zelena živilska barva (neobvezno)
- ½ skodelice mini čokoladnih koščkov

NAVODILA:
a) V posodi za mešanje stepite zmehčano maslo, dokler ni gladko.
b) Postopoma dodajte sladkor v prahu, eno skodelico naenkrat, in nadaljujte s stepanjem, dokler ni dobro premešano.
c) Prilijemo mleko in izvleček poprove mete. Stepamo dokler ne postane gladka in kremasta.
d) Po želji dodajte nekaj kapljic zelene jedilne barve, dokler ne dosežete želenega odtenka zelene.
e) Vmešajte majhne čokoladne koščke, dokler niso enakomerno porazdeljeni.
f) Na ohlajene torte ali kolačke namažite ali nanesite metino čokoladno glazuro .

46. Medena krema Frosting

SESTAVINE:
- 1 skodelica nesoljenega masla, zmehčanega
- 4 skodelice sladkorja v prahu
- ¼ skodelice medu
- 1 čajna žlička vanilijevega ekstrakta

NAVODILA:
a) V posodi za mešanje stepite zmehčano maslo, dokler ni gladko.
b) Postopoma dodajte sladkor v prahu, eno skodelico naenkrat, in nadaljujte s stepanjem, dokler ni dobro premešano.
c) Primešajte med in vanilijev ekstrakt. Mešajte, dokler ni popolnoma premešana.
d) Medeno kremno glazuro namažite ali nanesite na ohlajene torte ali kolačke.

47.Malinova maslena krema Frosting

SESTAVINE:
- 1 skodelica nesoljenega masla, zmehčanega
- 4 skodelice sladkorja v prahu
- ¼ skodelice malinovega džema brez pečk
- 1 čajna žlička vanilijevega ekstrakta
- Sveže maline (po želji, za okras)

NAVODILA:
a) V posodi za mešanje stepite zmehčano maslo, dokler ni gladko.
b) Postopoma dodajte sladkor v prahu, eno skodelico naenkrat, in nadaljujte s stepanjem, dokler ni dobro premešano.
c) Vmešajte malinovo marmelado in vanilijev ekstrakt. Mešajte, dokler ni popolnoma mešana.
d) Malinovo masleno glazuro namažite ali nanesite na ohlajene torte ali kolačke.
e) Neobvezno: okrasite s svežimi malinami za dekoracijo.

48. Pistacijev kremni sir Frosting

SESTAVINE:
- 8 oz kremnega sira, zmehčanega
- ½ skodelice nesoljenega masla, zmehčanega
- 4 skodelice sladkorja v prahu
- ¼ skodelice drobno sesekljanih pistacij
- 1 čajna žlička vanilijevega ekstrakta

NAVODILA:
a) V skledi za mešanje stepite zmehčan kremni sir in maslo, dokler ne postaneta gladka in puhasta.
b) Postopoma dodajte sladkor v prahu, eno skodelico naenkrat, in nadaljujte s stepanjem, dokler ni dobro premešano.
c) Vmešajte sesekljane pistacije in vanilijev ekstrakt. Mešajte, dokler se popolnoma ne premeša.
d) Na ohlajene torte ali kolačke namažite ali nanesite glazuro s pistacijevim kremnim sirom .

49. Rjavi sladkor Frosting

SESTAVINE:
- ½ skodelice nesoljenega masla
- 1 skodelica pakiranega svetlo rjavega sladkorja
- ¼ skodelice mleka
- 2 skodelici sladkorja v prahu
- 1 čajna žlička vanilijevega ekstrakta

NAVODILA:
a) V ponvi stopite maslo na srednjem ognju. Vmešajte rjavi sladkor in mleko.
b) Mešanico zavrite in med nenehnim mešanjem pustite vreti 2 minuti.
c) Odstavite ponev z ognja in pustite, da se ohladi približno 10 minut.
d) Postopoma vmešajte sladkor v prahu in vanilijev ekstrakt, dokler ne postane gladka in kremasta.
e) Glazuro iz rjavega sladkorja namažite na ohlajene torte ali kolačke. Glazura se strdi, ko se ohladi.

50. Coca-Cola Frosting

SESTAVINE:
- ½ skodelice nesoljenega masla
- ¼ skodelice Coca-Cole
- 3 žlice nesladkanega kakava v prahu
- 4 skodelice sladkorja v prahu
- 1 čajna žlička vanilijevega ekstrakta

NAVODILA:
a) V ponvi stopite maslo na zmernem ognju. Vmešajte Coca-Colo in kakav v prahu.
b) Mešanico zavrite in med nenehnim mešanjem pustite vreti 1 minuto.
c) Odstavite ponev z ognja in pustite, da se ohladi nekaj minut.
d) Postopoma vmešajte sladkor v prahu in vanilijev ekstrakt, dokler ne postane gladka in kremasta.
e) Coca-colino glazuro namažite na ohlajene torte ali kolačke.

51. Guava Frosting

SESTAVINE:
- ½ skodelice nesoljenega masla, zmehčanega
- 4 skodelice sladkorja v prahu
- ¼ skodelice guavine paste, stopljene in ohlajene
- 1 čajna žlička vanilijevega ekstrakta

NAVODILA:
a) V posodi za mešanje stepite zmehčano maslo, dokler ni gladko.
b) Postopoma dodajte sladkor v prahu, eno skodelico naenkrat, in nadaljujte s stepanjem, dokler ni dobro premešano.
c) Vmešajte stopljeno in ohlajeno pasto guave in vanilijev ekstrakt. Mešajte, dokler ni popolnoma premešana.
d) Guavino glazuro namažite ali nanesite na ohlajene torte ali kolačke.

52. Morska pena Frosting

SESTAVINE:
- 2 velika beljaka
- 1 ½ skodelice granuliranega sladkorja
- 1/3 skodelice vode
- ¼ čajne žličke vinskega kamna
- 1 čajna žlička vanilijevega ekstrakta

NAVODILA:
a) V toplotno odporni skledi zmešajte beljake, sladkor, vodo in vinsko kremo.
b) Posodo postavite nad ponev z vrelo vodo in pazite, da se dno posode ne dotika vode.
c) Z električnim mešalnikom mešanico stepajte na srednji hitrosti približno 7-8 minut ali dokler ne nastanejo trdi vrhovi.
d) Odstavite posodo z ognja in stepajte še 1-2 minuti.
e) Mešajte vanilijev ekstrakt, dokler se dobro ne združi.
f) Glazuro iz morske pene uporabite za glazuro tort ali kolačkov. Imela bo lahko in puhasto teksturo .

53.Pink Puff Frosting

SESTAVINE:
- 1 skodelica granuliranega sladkorja
- ¼ skodelice vode
- 2 velika beljaka
- ¼ čajne žličke vinskega kamna
- 1 čajna žlička vanilijevega ekstrakta
- Roza barvilo za hrano (neobvezno)

NAVODILA:
a) V ponvi zmešajte sladkor in vodo. Segrevajte na zmernem ognju in mešajte, dokler se sladkor ne raztopi.
b) V skledi za mešanje stepite beljake in vinski sneg, dokler ne nastanejo mehki snegovi.
c) Vroč sladkorni sirup postopoma vlivamo v beljake, medtem ko stepamo na srednji do visoki hitrosti.
d) Stepajte približno 5-7 minut ali dokler ne nastanejo trdi vrhovi in glazura postane sijoča.
e) Vmešajte vanilijev ekstrakt. Po želji dodajte nekaj kapljic rožnate jedilne barve in mešajte, dokler ni enakomerna.
f) Rožnato listnato glazuro uporabite za glazuro tort ali kolačkov. Imela bo lahko in zračno teksturo.

54. Pečeno arašidovo maslo Frosting

SESTAVINE:
- ½ skodelice nesoljenega masla, zmehčanega
- 1 skodelica kremastega arašidovega masla
- 2 skodelici sladkorja v prahu
- ¼ skodelice mleka
- 1 čajna žlička vanilijevega ekstrakta

NAVODILA:
a) V skledi za mešanje stepite zmehčano maslo in arašidovo maslo do gladkega.
b) Postopoma dodajte sladkor v prahu, eno skodelico naenkrat, in nadaljujte s stepanjem, dokler ni dobro premešano.
c) Prilijemo mleko in vanilijev ekstrakt. Stepamo dokler ne postane gladka in kremasta.
d) Brojlerja segrejte v pečici.
e) Glazuro iz arašidovega masla namažite na ohlajene torte ali kolačke.
f) Zamrznjene torte ali kolačke položite na pekač in jih postavite pod brojlerje za 1-2 minuti ali dokler glazura ne začne rahlo rjaveti.
g) Odstranite iz pečice in pustite, da se ohladi, preden postrežete .

55. madžarski Frosting

SESTAVINE:
- 1 skodelica nesoljenega masla, zmehčanega
- 4 skodelice sladkorja v prahu
- ¼ skodelice kakava v prahu
- ¼ skodelice močno kuhane kave, ohlajene
- 1 čajna žlička vanilijevega ekstrakta
- Ščepec soli

NAVODILA:
a) V posodi za mešanje stepite zmehčano maslo, dokler ni gladko.
b) Postopoma dodajte sladkor v prahu in kakav v prahu ter po vsakem dodajanju dobro premešajte.
c) Prilijemo ohlajeno kavo in ekstrakt vanilije. Za okus dodamo ščepec soli.
d) Zmes stepajte, dokler ni gladka in kremasta.
e) Madžarsko glazuro namažite ali nanesite na ohlajene torte ali kolačke .

56. Maraschino Frosting

SESTAVINE:
- ½ skodelice nesoljenega masla, zmehčanega
- 4 skodelice sladkorja v prahu
- ¼ skodelice češnjevega soka maraskina
- 1 čajna žlička mandljevega ekstrakta
- Maraschino češnje (neobvezno, za okras)

NAVODILA:
a) V posodi za mešanje stepite zmehčano maslo, dokler ni gladko.
b) Postopoma dodajte sladkor v prahu, eno skodelico naenkrat, in nadaljujte s stepanjem, dokler ni dobro premešano.
c) Vmešajte češnjev sok maraskina in mandljev izvleček. Mešajte, dokler se popolnoma ne premeša.
d) Glazuro iz maraskina namažite ali nanesite na ohlajene torte ali kolačke.
e) Neobvezno: okrasite s češnjami maraskino za dekoracijo.

57. Maslo Pecan Frosting

SESTAVINE:
- ½ skodelice nesoljenega masla, zmehčanega
- ½ skodelice sesekljanih pekanov, opečenih
- 4 skodelice sladkorja v prahu
- ¼ skodelice mleka
- 1 čajna žlička vanilijevega ekstrakta

NAVODILA:
a) V ponvi na zmernem ognju prepražite sesekljane pekane, dokler ne zadišijo. Odstavite, da se ohladijo.
b) V posodi za mešanje stepite zmehčano maslo, dokler ni gladko.
c) Postopoma dodajte sladkor v prahu, eno skodelico naenkrat, in nadaljujte s stepanjem, dokler ni dobro premešano.
d) Prilijemo mleko in vanilijev ekstrakt. Stepamo dokler ne postane gladka in kremasta.
e) Vmešajte opečene pekane, dokler niso enakomerno porazdeljeni.
f) Glazuro iz maslenega oreha namažite ali nanesite na ohlajene torte ali kolačke.

58. Torta z glazuro Icin g

SESTAVINE:
- ½ skodelice nesoljenega masla, zmehčanega
- 4 skodelice sladkorja v prahu
- ¼ skodelice polnomastnega mleka
- ¼ skodelice malinove ali jagodne marmelade
- 1 čajna žlička vanilijevega ekstrakta

NAVODILA:
a) V posodi za mešanje stepite zmehčano maslo, dokler ni gladko.
b) Postopoma dodajte sladkor v prahu, eno skodelico naenkrat, in nadaljujte s stepanjem, dokler ni dobro premešano.
c) Prilijemo mleko in vanilijev ekstrakt. Stepamo dokler ne postane gladka in kremasta.
d) Dodamo marmelado in mešamo, dokler ni popolnoma premešana.
e) Glazuro z marmelado namažite ali nanesite na ohlajene torte ali kolačke .

59. Silken Cocoa Frosting

SESTAVINE:
- 1 skodelica nesoljenega masla, zmehčanega
- 2 skodelici sladkorja v prahu
- ¼ skodelice nesladkanega kakava v prahu
- ¼ skodelice težke smetane
- 1 čajna žlička vanilijevega ekstrakta

NAVODILA:
a) V posodi za mešanje stepite zmehčano maslo, dokler ni gladko.
b) Postopoma dodajte sladkor v prahu in kakav v prahu ter po vsakem dodajanju dobro premešajte.
c) Prilijemo gosto smetano in vanilijev ekstrakt. Stepamo dokler ne postane gladka in kremasta.
d) Svilnato kakavovo glazuro namažite ali nanesite na ohlajene torte ali kolačke .

GLAZING

60. Mint glazura e

SESTAVINE:
- 30 g bele čokolade [1 unča]
- 6 g olja grozdnih pečk [2 žlički]
- 0,5 g izvlečka poprove mete [mala⅛čajna žlička]
- 1 kapljica zelene jedilne barve

NAVODILA:
a) Zmešajte belo čokolado in olje v posodo, primerno za mikrovalovno pečico, in čokolado stopite na nizki temperaturi 20 do 30 sekund.
b) S toplotno odporno lopatico mešajte olje in čokolado, dokler zmes ni sijoča in gladka.
c) Vmešajte izvleček poprove mete in barvilo za živila.

61. Jagodna glazura e

SESTAVINE:
- 1 skodelica svežih jagod, oluščenih in narezanih
- 1 skodelica sladkorja v prahu
- 1 žlica limoninega soka

NAVODILA:
a) V mešalniku ali kuhinjskem robotu pretlačite jagode do gladkega.
b) V srednje veliki skledi zmešajte sladkor v prahu in limonin sok.
c) Dodajte jagodni pire mešanici sladkorja v prahu in mešajte, dokler se dobro ne premeša.
d) Sladico prelijte z glazuro in pustite, da se strdi, preden jo postrežete.

62. Kavni glazura e

SESTAVINE:
- 1 skodelica sladkorja v prahu
- 2 žlici kuhane kave
- ½ čajne žličke vanilijevega ekstrakta

NAVODILA:
a) V majhni skledi skupaj zmešajte sladkor v prahu, kuhano kavo in vanilijev ekstrakt, dokler ni gladka.
b) Konsistenco prilagodite tako, da po potrebi dodate več sladkorja v prahu.
c) Kavno glazuro pokapajte po sladici in pustite, da se strdi, preden jo postrežete .

63.Glazura jabolčnega jabolčnika e

SESTAVINE:
- 1 skodelica sladkorja v prahu
- 2 žlici jabolčnega moštnika
- ½ čajne žličke mletega cimeta

NAVODILA:
a) V skledi za mešanje zmešajte sladkor v prahu, jabolčni mošt in mleti cimet.
b) Mešajte dokler ni gladka in dobro združena.
c) Sladico pokapajte z glazuro iz jabolčnega moštnika in pustite, da se strdi, preden jo postrežete.

64. Marelična glazura e

SESTAVINE:
- ½ skodelice marelične konzerve
- 1 žlica vode

NAVODILA:
a) V majhni kozici na majhnem ognju segrejte marelične konzerve in vodo.
b) Mešajte, dokler se konzerva ne stopi in zmes postane gladka.
c) Odstranite z ognja in pustite, da se nekoliko ohladi.
d) S čopičem ali žlico nanesite marelično glazuro na sladico, ko je še topla .

65. Bourbon Glaze

SESTAVINE:
- 1 skodelica sladkorja v prahu
- 2 žlici burbona
- 1 žlica nesoljenega masla, stopljenega

NAVODILA:
a) V skledi za mešanje stepite sladkor v prahu, bourbon in stopljeno maslo, dokler ni gladko.
b) Konsistenco prilagodite tako, da po potrebi dodate več sladkorja v prahu.
c) Sladico prelijte z bourbonsko glazuro in pustite, da se strdi, preden jo postrežete .

66. Glazura s kremnim sirom e

SESTAVINE:
- 4 unče kremnega sira, zmehčanega
- 1 skodelica sladkorja v prahu
- 1 čajna žlička vanilijevega ekstrakta
- 2-3 žlice mleka

NAVODILA:
a) V skledi za mešanje stepite kremni sir do gladkega.
b) Dodajte sladkor v prahu in vanilijev ekstrakt ter nadaljujte s stepanjem, dokler se dobro ne združi.
c) Postopoma dodajte mleko, eno žlico naenkrat, dokler ne dosežete želene gostote.
d) Sladico pokapajte z glazuro iz kremnega sira in pustite, da se strdi, preden jo postrežete.

67. Pomarančna glazura e

SESTAVINE:
- 1 skodelica sladkorja v prahu
- 2 žlici sveže stisnjenega pomarančnega soka
- 1 čajna žlička pomarančne lupinice

NAVODILA:
a) V majhni skledi skupaj zmešajte sladkor v prahu, pomarančni sok in pomarančno lupinico, dokler ni gladka.
b) Konsistenco prilagodite tako, da po potrebi dodate več sladkorja v prahu ali pomarančnega soka.
c) Sladico pokapajte s pomarančno glazuro in pustite, da se strdi, preden jo postrežete.

68. Čokoladna maslena glazura e

SESTAVINE:
- 1 skodelica nesoljenega masla, zmehčanega
- 2 skodelici sladkorja v prahu
- ½ skodelice kakava v prahu
- 2-3 žlice mleka
- 1 čajna žlička vanilijevega ekstrakta

NAVODILA:
a) V posodi za mešanje penasto stepite maslo, dokler ni gladko.
b) Postopoma dodajte sladkor v prahu in kakav v prahu ter stepajte, dokler se dobro ne združita.
c) Dodajte mleko, eno žlico naenkrat, dokler ne dosežete želene konsistence.
d) Zmešajte vanilijev ekstrakt.
e) Čokoladno masleno kremo namažite ali nanesite na sladico .

69. Limonina glazura e

SESTAVINE:
- 1 skodelica sladkorja v prahu
- 2 žlici sveže iztisnjenega limoninega soka
- 1 čajna žlička limonine lupinice

NAVODILA:
a) V majhni posodi skupaj zmešajte sladkor v prahu, limonin sok in limonino lupinico, dokler ni gladka.
b) Konsistenco prilagodite tako, da po potrebi dodate več sladkorja v prahu ali limoninega soka.
c) Sladico pokapajte z limonino glazuro in pustite, da se strdi, preden jo postrežete .

70. Tangerine Glaze

SESTAVINE:
- 1 skodelica sladkorja v prahu
- 2 žlici sveže iztisnjenega soka mandarin
- 1 čajna žlička lupinice mandarine

NAVODILA:
a) V majhni skledi skupaj zmešajte sladkor v prahu, sok mandarine in lupinico mandarine, dokler ni gladka.
b) Prilagodite gostoto tako, da po potrebi dodate še sladkor v prahu ali mandarinin sok.
c) Sladico pokapajte z glazuro iz mandarin in pustite, da se strdi, preden jo postrežete.

71. Medena glazura e

SESTAVINE:
- ½ skodelice medu
- 1 žlica limoninega soka

NAVODILA:
a) V majhni kozici na majhnem ognju segrejte med in limonin sok.
b) Mešajte, dokler se dobro ne združi in segreje.
c) Sladico, ko je še topla, pokapajte z medeno glazuro .

72. Javorjev glazura e

SESTAVINE:
- 1 skodelica sladkorja v prahu
- 2 žlici čistega javorjevega sirupa
- 1 žlica mleka

NAVODILA:
a) V posodi za mešanje skupaj zmešajte sladkor v prahu, javorjev sirup in mleko do gladkega.
b) Konsistenco prilagodite tako, da po potrebi dodate več sladkorja v prahu ali mleka.
c) Sladico pokapajte z javorjevo glazuro in pustite, da se strdi, preden jo postrežete.

73. Malinova glazura e

SESTAVINE:
- 1 skodelica sladkorja v prahu
- 2 žlici malinovega pireja (precejenega)
- 1 čajna žlička limoninega soka

NAVODILA:
a) V majhni posodi skupaj zmešajte sladkor v prahu, malinov pire in limonin sok do gladkega.
b) Konsistenco prilagodite tako, da po potrebi dodate še sladkor v prahu ali malinov pire.
c) Sladico pokapajte z malinovo glazuro in pustite, da se strdi, preden jo postrežete .

74. Mangov glazura e

SESTAVINE:
- 1 skodelica sladkorja v prahu
- 2 žlici mangovega pireja (precejenega)
- 1 žlica limetinega soka

NAVODILA:
a) V majhni skledi skupaj zmešajte sladkor v prahu, mangov pire in limetin sok, dokler ni gladko.
b) Prilagodite gostoto tako, da po potrebi dodate še sladkor v prahu ali mangov pire.
c) Sladico pokapajte z mangovo glazuro in pustite, da se strdi, preden jo postrežete.

75. Lavender Glaze

SESTAVINE:
- 1 skodelica sladkorja v prahu
- 2 žlici mleka
- ½ čajne žličke posušenih sivkinih popkov (kulinarično)
- Vijolična barva za živila (neobvezno)

NAVODILA:
a) V majhni kozici na majhnem ognju segrejte mleko in posušene popke sivke, dokler se ne segrejejo.
b) Odstranite z ognja in pustite stati približno 10 minut.
c) Precedite mleko, da odstranite popke sivke.
d) V posodi za mešanje skupaj zmešajte sladkor v prahu in vlito mleko, dokler ni gladko.
e) Konsistenco prilagodite tako, da po potrebi dodate več sladkorja v prahu ali mleka.
f) Sladico pokapajte s sivkino glazuro in pustite, da se strdi, preden jo postrežete.

76. Glaza iz arašidovega masla e

SESTAVINE:
- ½ skodelice sladkorja v prahu
- 2 žlici kremastega arašidovega masla
- 2-3 žlice mleka

NAVODILA:
a) V posodi za mešanje stepite sladkor v prahu in kremasto arašidovo maslo, dokler se dobro ne združita.
b) Postopoma dodajte mleko, eno žlico naenkrat, dokler ne dosežete želene gostote.
c) Sladico pokapajte z glazuro iz arašidovega masla in pustite, da se strdi, preden jo postrežete .

77. karamelna glazura e

SESTAVINE:
- 1 skodelica granuliranega sladkorja
- ¼ skodelice vode
- ½ skodelice težke smetane
- 2 žlici nesoljenega masla
- ½ čajne žličke vanilijevega ekstrakta

NAVODILA:
a) V srednji ponvi zmešajte granulirani sladkor in vodo.
b) Na srednjem ognju ob stalnem mešanju kuhamo toliko časa, da se sladkor raztopi in postane jantarne barve.
c) Odstranite ponev z ognja in previdno dodajte smetano, maslo in vanilijev ekstrakt. Bodite previdni, saj lahko mešanica mehurči.
d) Mešajte, dokler ni karamela gladka in dobro združena.
e) Pustite, da se karamelna glazura nekoliko ohladi, preden jo pokapate po sladici.

78. Mandljeva glazura e

SESTAVINE:
- 1 skodelica sladkorja v prahu
- 2 žlici mleka
- ½ čajne žličke mandljevega ekstrakta
- Narezani mandlji (neobvezno, za okras)

NAVODILA:
a) V posodi za mešanje skupaj zmešajte sladkor v prahu, mleko in mandljev ekstrakt, dokler ni gladko.
b) Konsistenco prilagodite tako, da po potrebi dodate več sladkorja v prahu ali mleka.
c) Sladico pokapajte z mandljevo glazuro in po želji potresite z narezanimi mandlji.
d) Pustite, da se glazura strdi, preden jo postrežete.

79.Kokosova glazura e

SESTAVINE:
- 1 skodelica sladkorja v prahu
- 2 žlici kokosovega mleka
- ¼ čajne žličke kokosovega ekstrakta
- Nastrgan kokos (neobvezno, za okras)

NAVODILA:
a) V majhni skledi skupaj zmešajte sladkor v prahu, kokosovo mleko in kokosov izvleček, dokler ni gladko.
b) Konsistenco prilagodite tako, da po potrebi dodate več sladkorja v prahu ali kokosovega mleka.
c) Sladico pokapajte s kokosovo glazuro in po želji potresite z naribanim kokosom.
d) Pustite, da se glazura strdi, preden jo postrežete.

80. Pistacijev glazura e

SESTAVINE:
- 1 skodelica sladkorja v prahu
- 2 žlici mleka
- ¼ čajne žličke mandljevega izvlečka
- ¼ skodelice drobno sesekljanih pistacij

NAVODILA:
a) V posodi za mešanje skupaj zmešajte sladkor v prahu, mleko in mandljev ekstrakt, dokler ni gladko.
b) Konsistenco prilagodite tako, da po potrebi dodate več sladkorja v prahu ali mleka.
c) Vmešamo sesekljane pistacije.
d) Sladico pokapajte s pistacijevo glazuro in pustite, da se strdi, preden jo postrežete.

81. Matcha glazura zelenega čaja e

SESTAVINE:
- 1 skodelica sladkorja v prahu
- 2 žlici mleka
- 1 čajna žlička matcha zelenega čaja v prahu

NAVODILA:
a) V majhni posodi skupaj zmešajte sladkor v prahu, mleko in matcha zeleni čaj v prahu, dokler ni gladka.
b) Konsistenco prilagodite tako, da po potrebi dodate več sladkorja v prahu ali mleka.
c) Sladico pokapajte z glazuro zelenega čaja matcha in pustite, da se strdi, preden jo postrežete.

82. Malinova limonadna glazura e

SESTAVINE:
- 1 skodelica sladkorja v prahu
- 2 žlici malinovega pireja (precejenega)
- 1 žlica sveže iztisnjenega limoninega soka
- Limonina lupina (neobvezno, za okras)

NAVODILA:
a) V majhni posodi skupaj zmešajte sladkor v prahu, malinov pire in limonin sok do gladkega.
b) Konsistenco prilagodite tako, da po potrebi dodate še sladkor v prahu ali malinov pire.
c) Sladico pokapljajte z malinovo limonadno glazuro in po želji potresite z limonino lupinico.
d) Pustite, da se glazura strdi, preden jo postrežete.

GANA ČE

83. Bučni ganače

SESTAVINE:

- 150 g bele čokolade [5¼ unč]
- 25 g masla [2 žlici]
- 50 g glukoze [2 žlici]
- 55 g hladne smetane [¼ skodelice]
- 75 g Libby's bučnega pireja [⅓ skodelice]
- 4 g košer soli [1 čajna žlička]
- 1 g mletega cimeta [½ čajne žličke]

NAVODILA:

a) Zmešajte belo čokolado in maslo v posodo, ki je primerna za uporabo v mikrovalovni pečici, in ju nežno stopite v mikrovalovni pečici v 15-sekundnih zavihkih, pri čemer mešajte med pihanji.
b) Čokoladno mešanico prenesite v posodo. Glukozo segrevajte v mikrovalovni pečici 15 sekund, nato jo takoj dodajte čokoladni mešanici in premešajte s paličnim mešalnikom.
c) Po eni minuti prižgite palični mešalnik in dodajte gosto smetano.
d) Zmešajte bučni pire, sol in cimet. Ganache pred uporabo postavite v hladilnik, da se strdi, vsaj 4 ure ali najbolje čez noč.

84. Limetin ganač iz pese e

SESTAVINE:
- 2 srednji pesi, olupljeni in narezani na koščke (uporabite rokavice;)
- 1 limeta
- mleko po potrebi
- 120 g bele čokolade [4¼ unč]
- 25 g masla [2 žlici]
- 100 g glukoze [¼ skodelice]
- 55 g hladne smetane [¼ skodelice]
- 3 g košer soli [¾ čajne žličke]

NAVODILA:
a) Pečico segrejte na 325°F.
b) Koščke pese zavijte v velik list aluminijaste folije in položite na ponev za lažje rokovanje. Pecite 1 do 2 uri ali dokler pesa ni mehka; dajte ji dodatne 30-minutne intervale v pečico, če niso.
c) Medtem naribajte limetino lupinico; prihranite. Iz limete iztisnite 8 g (2 čajni žlički) soka in prihranite.
d) Prenesite peso v mešalnik in jo pretlačite v pire. (Če vam mešalnik povzroča težave, dodajte do 1 žlico mleka, da bo bolje delovalo.) Pire pretlačite skozi cedilo s finimi mrežicami – imeti mora teksturo Libbyjine buče pireja (ali otroške hrane). Odmerite 120 g (⅓ skodelice) pesinega pireja. Ohladite.
e) Zmešajte belo čokolado in maslo v posodo, ki je primerna za uporabo v mikrovalovni pečici, in ju nežno stopite v mikrovalovni pečici v 15-sekundnih zavihkih, pri čemer mešajte med pihanji. Rezultat mora biti komaj topel na dotik in popolnoma homogen.
f) Čokoladno zmes prenesite v posodo, ki lahko sprejme potopni mešalnik – nekaj visokega in ozkega, kot je 1-litrska plastična posoda za delikatese. Glukozo segrevajte v mikrovalovni pečici 15 sekund, nato pa jo takoj dodajte čokoladni mešanici in z roko brenčite. mešalniku. Po eni minuti pri delujočem paličnem mešalniku vlijte težko smetano – mešanica se bo združila v nekaj svilnatega, sijočega in gladkega .
g) Zmešajte pesni pire, limetino lupinico in sol. Ganache za 30 minut postavite v hladilnik, da se strdi.
h) Z lopatko vmešajte limetin sok v ganache (tega ne počnite, dokler se ganache ne strdi, sicer ga boste zlomili). Ganache postavite nazaj v hladilnik za vsaj 3 ure ali najbolje čez noč. Shranjeno v npredušni posodi bo zdržal v hladilniku 1 teden. Postrezite hladno .

85. Čokoladno lešnikov ganač e

SESTAVINE:
- 55 g težke smetane [¼ skodelice]
- 60 g čokolade gianduja, stopljene [2 unči]
- 65 g lešnikove paste [¼ skodelice]
- ¼ porcija omake Fudge [38 g (3 jedilne žlice)]
- 1 g košer soli [¼ čajne žličke]

NAVODILA:
a) V majhni kozici z debelim dnom na srednje močnem ognju zavrite smetano.
b) Medtem v srednji skledi zmešajte stopljeno gianduju, lešnikovo pasto, fudge omako in sol.
c) Kremo vlijemo v skledo in pustimo stati 1 minuto. Z mešalnikom ali metlico počasi mešamo vsebino sklede, dokler zmes ni sijoča in svilnato gladka.
d) To bo trajalo 2 do 4 minute, odvisno od vaše hitrosti in moči. Uporabite takoj ali shranite v nepredušni posodi v hladilniku do 2 tedna; ne zamrzujte.

86. Graham ganache

SESTAVINE:
- ½ porcije Graham Crust
- 85 g mleka [⅓ skodelice]
- 2 g košer soli [½ čajne žličke]

NAVODILA:
a) Zmešajte grahamovo skorjo, mleko in sol v mešalniku ter pretlačite na srednji hitrosti, dokler ni gladka in homogena – trajalo bo 1 do 3 minute (odvisno od odličnosti vašega mešalnika).
b) Če se mešanica ne ujame na rezilo mešalnika, ga izklopite, vzemite majhno čajno žličko in postrgajte po straneh posode, ne pozabite strgati pod rezilom, nato poskusite znova.
c) Ganache uporabite takoj ali ga shranite v nepredušni posodi v hladilniku do 5 dni.

87.Ganach iz temne čokolade e

SESTAVINE:
- 8 unč (225 g) temne čokolade, drobno sesekljane
- 1 skodelica (240 ml) goste smetane

NAVODILA:
a) Narezano temno čokolado dajte v toplotno odporno skledo.
b) V majhni kozici na zmernem ognju segrevajte smetano, dokler ne začne vreti.
c) Vročo smetano prelijemo čez čokolado in pustimo stati minuto.
d) Zmes mešamo, dokler se čokolada popolnoma ne stopi in postane gladka.
e) Pustite, da se ganache nekoliko ohladi, preden ga uporabite.

88. Ganach iz mlečne čokolade e

SESTAVINE:
- 8 unč (225 g) mlečne čokolade, drobno sesekljane
- 1 skodelica (240 ml) goste smetane

NAVODILA:
a) Drobno narezano mlečno čokolado dajte v toplotno odporno skledo in odstavite.
b) V majhni kozici na srednjem ognju segrevajte smetano, dokler ne začne vreti. Ne pustite, da zavre.
c) Ponev odstavimo z ognja in z vročo smetano prelijemo narezano mlečno čokolado.
d) Mešanico pustimo stati 1-2 minuti, da se čokolada zmehča.
e) Z metlico ali lopatko mešanico nežno mešajte, dokler se čokolada popolnoma ne stopi in ganache postane gladek in kremast.
f) Pustite, da se ganache ohladi na sobni temperaturi približno 30 minut, nato ga pokrijte s plastično folijo in postavite v hladilnik za vsaj 2 uri oziroma dokler ne postane čvrst.
g) Ko je ganache ohlajen in strjen, ga lahko uporabite kot nadev za torte, kolačke ali piškote. Lahko se uporablja tudi kot preliv ali posip za sladice, kot so piškoti, sladoled ali puding .

89.Ganach iz bele čokolade e

SESTAVINE:
- 8 unč (225 g) bele čokolade, drobno sesekljane
- ½ skodelice (120 ml) goste smetane

NAVODILA:
a) Narezano belo čokolado dajte v toplotno odporno skledo.
b) V majhni kozici na zmernem ognju segrevajte smetano, dokler ne začne vreti.
c) Vročo smetano prelijemo čez belo čokolado in pustimo stati minuto.
d) Zmes mešamo, dokler se čokolada popolnoma ne stopi in postane gladka.
e) Pustite, da se ganache nekoliko ohladi, preden ga uporabite.

90. Pomarančni ganač iz temne čokolade e

SESTAVINE:
- 8 unč (225 g) temne čokolade, drobno sesekljane
- 1 skodelica (240 ml) goste smetane
- Lupina 1 pomaranče

NAVODILA:
a) Drobno narezano temno čokolado dajte v toplotno odporno skledo in odstavite.
b) V majhni kozici na srednjem ognju segrevajte smetano, dokler ne začne vreti. Ne pustite, da zavre.
c) Ko smetana zavre, jo odstavimo z ognja in jo prelijemo čez narezano čokolado.
d) Mešanico pustimo stati 1-2 minuti, da se čokolada zmehča.
e) Z metlico ali lopatko nežno mešajte mešanico, dokler se čokolada popolnoma ne stopi in ganache postane gladek in sijoč.
f) Dodajte lupinico 1 pomaranče v ganache in mešajte, dokler se dobro ne premeša.
g) Pustite, da se ganache ohladi na sobni temperaturi približno 30 minut, nato ga pokrijte s plastično folijo in postavite v hladilnik za vsaj 2 uri oziroma dokler ne postane čvrst.
h) Ko je ganache ohlajen in strjen, ga lahko uporabite kot nadev za torte, torte ali druge sladice. Lahko ga tudi oblikujete v tartufe ali pa ga uporabite kot glazuro ali preliv.

91. Espresso Temna čokolada Ganach e

SESTAVINE:
- 8 unč (225 g) temne čokolade, drobno sesekljane
- 1 skodelica (240 ml) goste smetane
- 2 žlici instant espressa v prahu

NAVODILA:
a) Drobno narezano temno čokolado dajte v toplotno odporno skledo in odstavite.
b) V majhni kozici na srednjem ognju segrevajte smetano, dokler ne začne vreti. Ne pustite, da zavre.
c) Odstavite ponev z ognja in smetani dodajte instant espresso prašek. Dobro premešajte, dokler se prašek za espresso popolnoma ne raztopi.
d) Zmes vroče smetane prelijemo čez narezano čokolado.
e) Mešanico pustimo stati 1-2 minuti, da se čokolada zmehča.
f) Z metlico ali lopatko nežno mešajte mešanico, dokler se čokolada popolnoma ne stopi in ganache postane gladek in sijoč.
g) Pustite, da se ganache ohladi na sobni temperaturi približno 30 minut, nato ga pokrijte s plastično folijo in postavite v hladilnik za vsaj 2 uri oziroma dokler ne postane čvrst.
h) Ko je ganache ohlajen in strjen, ga lahko uporabite kot nadev za torte, kolačke ali peciva. Lahko se uporablja tudi kot glazura ali dekadenten preliv za sladice .

92. Slani karamelni ganač e

SESTAVINE:
- 8 unč (225 g) temne čokolade, drobno sesekljane
- 1 skodelica (240 ml) goste smetane
- ½ skodelice (120 ml) soljene karamelne omake

NAVODILA:
a) Drobno narezano temno čokolado dajte v toplotno odporno skledo in odstavite.
b) V majhni kozici na srednjem ognju segrevajte smetano, dokler ne začne vreti. Ne pustite, da zavre.
c) Ponev odstavimo z ognja in z vročo smetano prelijemo narezano čokolado.
d) Mešanico pustimo stati 1-2 minuti, da se čokolada zmehča.
e) Z metlico ali lopatko nežno mešajte mešanico, dokler se čokolada popolnoma ne stopi in ganache postane gladek in sijoč.
f) Dodajte soljeno karamelno omako v ganache in mešajte, dokler se dobro ne premeša.
g) Pustite, da se ganache ohladi na sobni temperaturi približno 30 minut, nato ga pokrijte s plastično folijo in postavite v hladilnik za vsaj 2 uri oziroma dokler ne postane čvrst.
h) Ko je ganache ohlajen in strjen, ga lahko uporabite kot nadev za torte, kolačke ali peciva. Lahko se uporablja tudi kot preliv ali posip za sladice, kot so sladoled, piškoti ali piškoti .

93. Ganach z malinovo belo čokolado e

SESTAVINE:
- 8 unč (225 g) bele čokolade, drobno sesekljane
- ½ skodelice (120 ml) goste smetane
- ¼ skodelice (60 ml) malinovega pireja

NAVODILA:
a) Drobno narezano belo čokolado dajte v toplotno odporno skledo in odstavite.
b) V majhni kozici na srednjem ognju segrevajte smetano, dokler ne začne vreti. Ne pustite, da zavre.
c) Ponev odstavimo z ognja in z vročo smetano prelijemo nasekljano belo čokolado.
d) Mešanico pustimo stati 1-2 minuti, da se čokolada zmehča.
e) Z metlico ali lopatko mešanico nežno mešajte, dokler se bela čokolada popolnoma ne stopi in ganache postane gladek in kremast.
f) Dodajte malinov pire v ganache in mešajte, dokler se dobro ne poveže. Malinov pire lahko pripravite tako, da sveže ali zamrznjene maline zmešate v mešalniku ali kuhinjskem robotu do gladkega, nato pa iz njih odcedite morebitna semena.
g) Pustite, da se ganache ohladi na sobni temperaturi približno 30 minut, nato ga pokrijte s plastično folijo in postavite v hladilnik za vsaj 2 uri oziroma dokler ne postane čvrst.
h) Ko je ganache ohlajen in strjen, ga lahko uporabite kot nadev za torte, kolačke ali makarone. Lahko se uporablja tudi kot preliv ali posip za sladice, kot so sirove torte, torte ali mouse.

94. Mint čokoladni ganač e

SESTAVINE:
- 8 unč (225 g) temne čokolade, drobno sesekljane
- 1 skodelica (240 ml) goste smetane
- ½ čajne žličke izvlečka poprove mete

NAVODILA:
a) Drobno narezano temno čokolado dajte v toplotno odporno skledo in odstavite.
b) V majhni kozici na srednjem ognju segrevajte smetano, dokler ne začne vreti. Ne pustite, da zavre.
c) Ponev odstavimo z ognja in z vročo smetano prelijemo narezano temno čokolado.
d) Mešanico pustimo stati 1-2 minuti, da se čokolada zmehča.
e) Z metlico ali lopatko nežno mešajte mešanico, dokler se čokolada popolnoma ne stopi in ganache postane gladek in sijoč.
f) Dodajte izvleček poprove mete v ganache in mešajte, dokler se dobro ne združi. Količino ekstrakta prilagodite želeni ravni okusa mete.
g) Pustite, da se ganache ohladi na sobni temperaturi približno 30 minut, nato ga pokrijte s plastično folijo in postavite v hladilnik za vsaj 2 uri oziroma dokler ne postane čvrst.
h) Ko je ganache ohlajen in strjen, ga lahko uporabite kot nadev za torte, kolačke ali tartufe. Lahko se uporablja tudi kot preliv ali posip za sladice, kot so brownji, sladoled ali piškoti .

95.arašidovo maslo čokoladni ganače

SESTAVINE:
- 8 unč (225 g) temne čokolade, drobno sesekljane
- 1 skodelica (240 ml) goste smetane
- ½ skodelice (120 ml) gladkega arašidovega masla

NAVODILA:
a) Drobno narezano temno čokolado dajte v toplotno odporno skledo in odstavite.
b) V majhni kozici na srednjem ognju segrevajte smetano, dokler ne začne vreti. Ne pustite, da zavre.
c) Ponev odstavimo z ognja in z vročo smetano prelijemo narezano temno čokolado.
d) Mešanico pustimo stati 1-2 minuti, da se čokolada zmehča.
e) Z metlico ali lopatko nežno mešajte mešanico, dokler se čokolada popolnoma ne stopi in ganache postane gladek in sijoč.
f) Dodajte gladko arašidovo maslo v ganache in mešajte, dokler se dobro ne združi. Prepričajte se, da je arašidovo maslo sobne temperature za lažje mešanje.
g) Pustite, da se ganache ohladi na sobni temperaturi približno 30 minut, nato ga pokrijte s plastično folijo in postavite v hladilnik za vsaj 2 uri oziroma dokler ne postane čvrst.
h) Ko je ganache ohlajen in strjen, ga lahko uporabite kot nadev za torte, kolačke ali piškote. Lahko se uporablja tudi kot preliv ali posip za sladice, kot so brownji, sladoled ali sirova torta .

96.Ganach iz kokosove bele čokolade e

SESTAVINE:
- 8 unč (225 g) bele čokolade, drobno sesekljane
- ½ skodelice (120 ml) goste smetane
- ½ skodelice (50 g) naribanega kokosa

NAVODILA:
a) Drobno narezano belo čokolado dajte v toplotno odporno skledo in odstavite.
b) V majhni kozici na srednjem ognju segrevajte smetano, dokler ne začne vreti. Ne pustite, da zavre.
c) Ponev odstavimo z ognja in z vročo smetano prelijemo nasekljano belo čokolado.
d) Mešanico pustimo stati 1-2 minuti, da se čokolada zmehča.
e) Z metlico ali lopatko mešanico nežno mešajte, dokler se bela čokolada popolnoma ne stopi in ganache postane gladek in kremast.
f) Dodajte nariban kokos v ganache in mešajte, dokler se dobro ne premeša. Prepričajte se, da je kokos enakomerno porazdeljen po ganacheju.
g) Pustite, da se ganache ohladi na sobni temperaturi približno 30 minut, nato ga pokrijte s plastično folijo in postavite v hladilnik za vsaj 2 uri oziroma dokler ne postane čvrst.
h) Ko je ganache ohlajen in strjen, ga lahko uporabite kot nadev za torte, kolačke ali ploščice. Lahko se uporablja tudi kot preliv ali posip za sladice, kot so torte, pite ali piškoti.

97.Ganach iz temne lešnikove čokolade e

SESTAVINE:
- 8 unč (225 g) temne čokolade, drobno sesekljane
- 1 skodelica (240 ml) goste smetane
- ½ skodelice (75 g) sesekljanih praženih lešnikov

NAVODILA:
a) Drobno narezano temno čokolado dajte v toplotno odporno skledo in odstavite.
b) V majhni kozici na srednjem ognju segrevajte smetano, dokler ne začne vreti. Ne pustite, da zavre.
c) Ponev odstavimo z ognja in z vročo smetano prelijemo narezano temno čokolado.
d) Mešanico pustimo stati 1-2 minuti, da se čokolada zmehča.
e) Z metlico ali lopatko nežno mešajte mešanico, dokler se čokolada popolnoma ne stopi in ganache postane gladek in sijoč.
f) Dodajte sesekljane pražene lešnike v ganache in mešajte, dokler se dobro ne poveže. Prepričajte se, da so lešniki ohlajeni, preden jih dodate.
g) Pustite, da se ganache ohladi na sobni temperaturi približno 30 minut, nato ga pokrijte s plastično folijo in postavite v hladilnik za vsaj 2 uri oziroma dokler ne postane čvrst.
h) Ko je ganache ohlajen in strjen, ga lahko uporabite kot nadev za torte, kolačke ali peciva. Lahko se uporablja tudi kot preliv ali posip za sladice, kot so brownji, sladoled ali palačinke .

98. Čokoladni ganač z mandljevim mlekom e

SESTAVINE:
- 8 unč (225 g) mlečne čokolade, drobno sesekljane
- 1 skodelica (240 ml) mandljevega mleka

NAVODILA:
a) Narezano mlečno čokolado dajte v toplotno odporno skledo.
b) V majhni kozici segrevajte mandljevo mleko na zmernem ognju, dokler ne začne vreti.
c) Vroče mandljevo mleko prelijemo čez čokolado in pustimo stati minuto.
d) Zmes mešamo, dokler se čokolada popolnoma ne stopi in postane gladka.
e) Pustite, da se ganache nekoliko ohladi, preden ga uporabite.

99. Ganač iz temne čokolade iz kokosovega mleka e

SESTAVINE:
- 8 unč (225 g) temne čokolade, drobno sesekljane
- 1 skodelica (240 ml) kokosovega mleka

NAVODILA:
a) Narezano temno čokolado dajte v toplotno odporno skledo.
b) V majhni kozici na zmernem ognju segrevajte kokosovo mleko, dokler ne začne vreti.
c) Vroče kokosovo mleko prelijemo čez čokolado in pustimo stati minuto.
d) Zmes mešamo, dokler se čokolada popolnoma ne stopi in postane gladka.
e) Pustite, da se ganache nekoliko ohladi, preden ga uporabite.

100. Karamelizirani ganač iz bele čokolade e

SESTAVINE:
- 8 unč (225 g) bele čokolade
- Ščepec morske soli

NAVODILA:
a) Pečico segrejte na 250°F (120°C).
b) Belo čokolado položite na pekač, obložen s peki papirjem.
c) Po čokoladi potresemo ščepec morske soli.
d) Čokolado pečemo približno 1 uro, vsakih 10 minut mešamo, dokler ne postane zlato rjava in karamelizirana.
e) Čokolado vzamemo iz pečice in pustimo, da se popolnoma ohladi.
f) Karamelizirano belo čokolado drobno sesekljamo.
g) V toplotno odporni skledi prelijte 1 skodelico (240 ml) vrele smetane na karamelizirano belo čokolado.
h) Mešajte, dokler se čokolada popolnoma ne stopi in postane gladka.
i) Pustite, da se ganache nekoliko ohladi, preden ga uporabite .

ZAKLJUČEK

Ko se bližamo koncu »ULTIMATNA KUHARSKA KNJIGA MASLENA KREMA«, upamo, da ste uživali v raziskovanju slastnega sveta maslene kreme in odkrivanju novih načinov, kako izboljšati svojo igro peke. Ne glede na to, ali ste novinec v masleni kremi ali izkušen profesionalec, verjamemo, da se je v svetu glazure in glazure vedno treba naučiti kaj novega in raziskati.

Spodbujamo vas, da eksperimentirate z različnimi okusi, barvami in dekorativnimi tehnikami, da si pripravite te recepte po svoje. Navsezadnje je lepota maslene kreme v njeni vsestranskosti in sposobnosti prilagajanja vsaki sladici ali priložnosti. Zato se ne bojte biti ustvarjalni in pustite domišljiji prosto pot.

Hvala, ker ste se nam pridružili na tem sladkem potovanju skozi svet maslene kreme. Naj bodo vaši dnevi napolnjeni z dekadentnimi sladicami, kremastimi glazurami in obilico sladkih razvajanj. Veselo peko!

www.ingramcontent.com/pod-product-compliance
Lightning Source LLC
Chambersburg PA
CBHW071912110526
44591CB00011B/1649